Impressum
Verlag: BABADADA GmbH, Nedderfeld 112 , 22529 Hamburg
Geschäftsführer / Verlagsleitung: Harald Hof
Druck: Books on Demand GmbH, In de Tarpen 42, 22848 Norderstedt

Imprint
Publisher: BABADADA GmbH, Nedderfeld 112 , 22529 Hamburg, Germany
Managing Director / Publishing direction: Harald Hof
Print: Books on Demand GmbH, In de Tarpen 42, 22848 Norderstedt, Germany

学校

学校

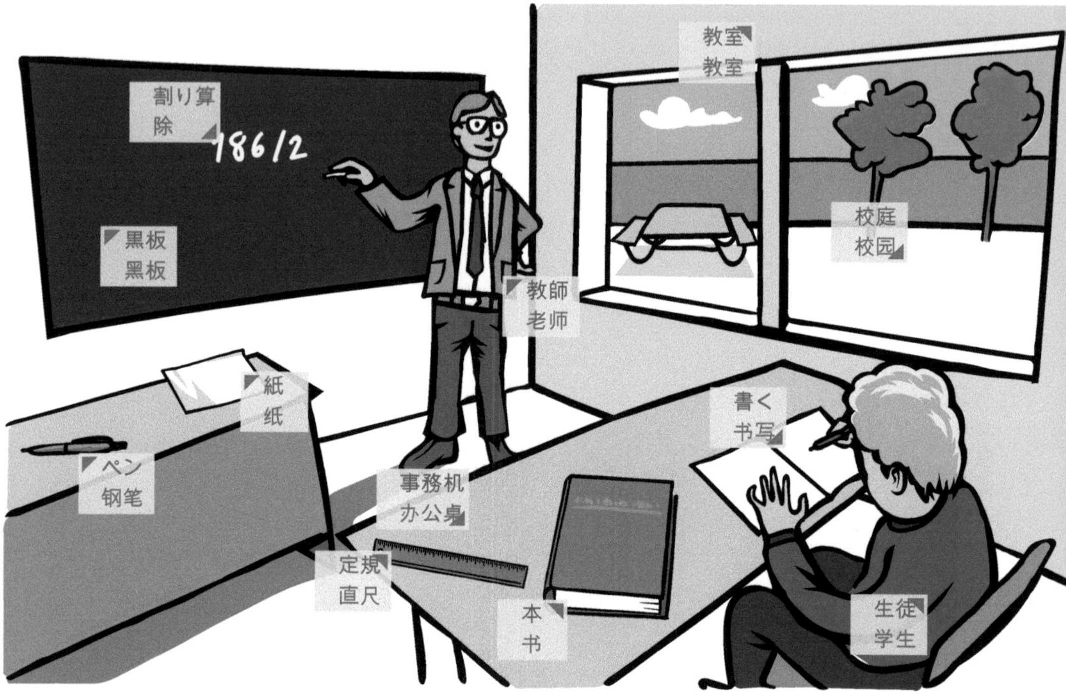
教室
教室
割り算
除
186/2
黒板
黒板
教師
老师
校庭
校园
紙
纸
書く
书写
ペン
钢笔
事務机
办公桌
定規
直尺
本
书
生徒
学生

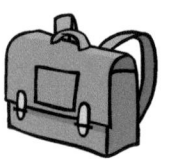

ランドセル

书包

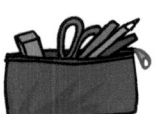

筆入れ

铅笔盒

鉛筆

铅笔

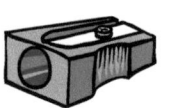

鉛筆削り

卷笔刀

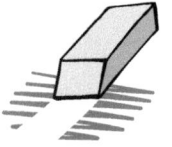

消しゴム

橡皮擦

スケッチブック

画板

スケッチ
图画

絵筆
画笔

絵の具箱
颜料盒

はさみ
剪刀

接着剤
胶水

練習帳
练习册

宿題
家庭作业

12

数
数字

2+2

足し算
加

5-2

引き算
减

2×2

かけ算
乘

計算する
计算

A

文字
字母

ABCDEFG
HIJKLMN
OPQRSTU
VWXYZ

アルファベット
字母表

hello

単語
字

テキスト

课文

読む

读

チョーク

粉笔

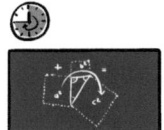

授業

上课

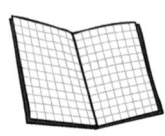

学級日誌

登记

試験

考试

通知表

证书

制服

校服

教育

教育

百科事典

百科全书

大学

大学

顕微鏡

显微镜

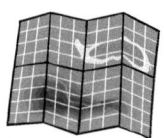

地図

地図

ごみ箱

废纸筐

ホテル
酒店

Grand

ホステル
青年旅
社

ROOMS

両替所
外币兑换
处

EXCHANGE

スーツケ
ース
手提箱

自動車
汽车

言語
语言

はい　/　いいえ
是/否

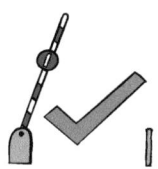

問題ない
好的

ハロー
您好

翻訳者
翻译员

ありがとう
谢谢

…はいくらですか？

......多少钱？

わかりません

我不明白

問題

问题

こんばんは！

晚上好！

おはようございます！

早上好！

おやすみなさい！

晚安！

さようなら

再见

方向

方向

手荷物

行李

バッグ

包

リュックサック

双肩包

お客様

客人

部屋

房间

寝袋

睡袋

テント

帐篷

旅行者情報

旅游信息

ビーチ

海滩

クレジットカード

信用卡

朝食

早餐

昼食

午餐

夕食

晚餐

チケット

票

エレベーター

电梯

スタンプ

邮票

境界

边界

税関

海关

大使館

大使馆

ビザ

签证

パスポート

护照

輸送

交通运输

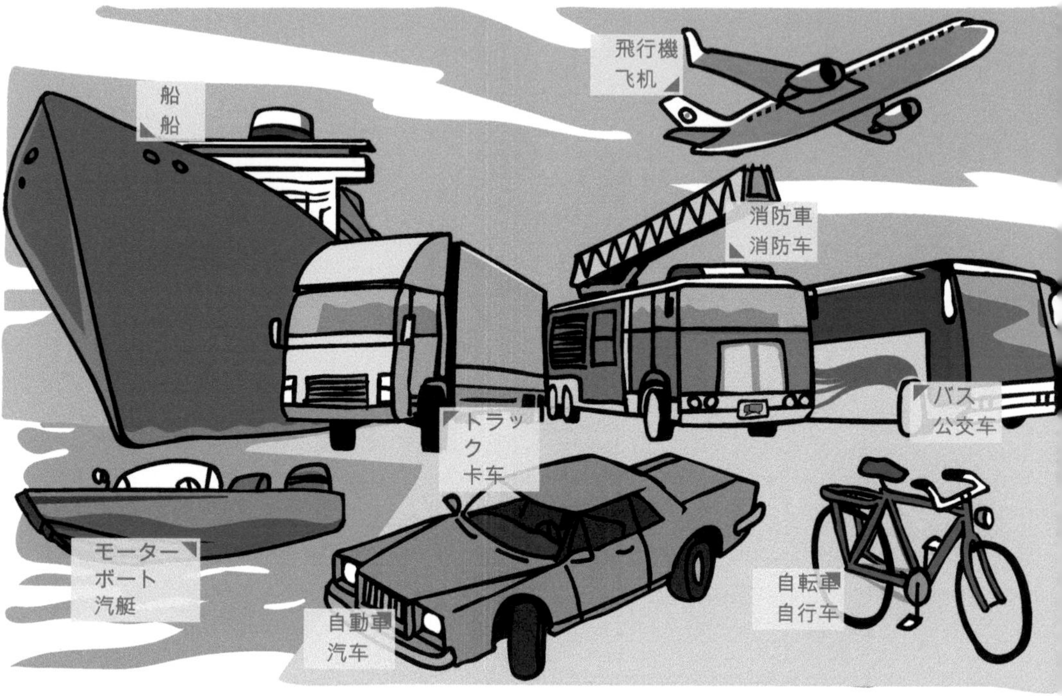

飛行機
飞机
船
船
消防車
消防车
トラック
卡车
バス
公交车
モーターボート
汽艇
自動車
汽车
自転車
自行车

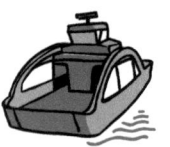

フェリー

摆渡船

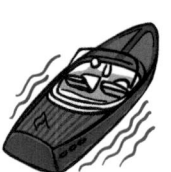

ボート

小船

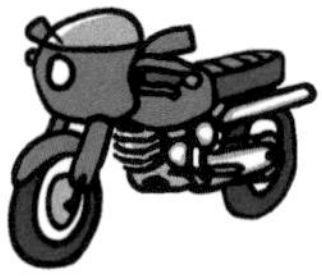

バイク

摩托车

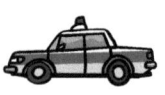

パトカー

警车

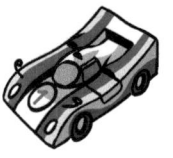

レーシングカー

赛车

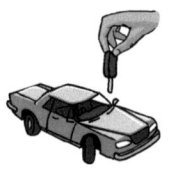

レンタカー

租车

カーシェアリング

拼车

レッカー車

拖车

ごみ収集車

垃圾车

モーター

发动机

燃料

汽油

ガソリンスタンド

加油站

交通標識

交通标志

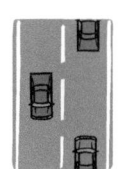

交通

交通

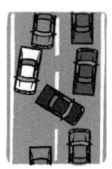

渋滞

交通堵塞

駐車場

停车场

駅

火车站

道

轨道

列車

火车

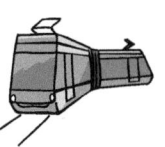

路面電車

电车

車両

货车

ヘリコプター

直升机

空港

机场

タワー

塔

乗客

乘客

コンテナ

集装箱

段ボール箱

纸板箱

カート

手推车

カゴ

篮子

離陸 / 着陸

起飞/降落

都市

城市

村

村庄

都心

市中心

家

房子

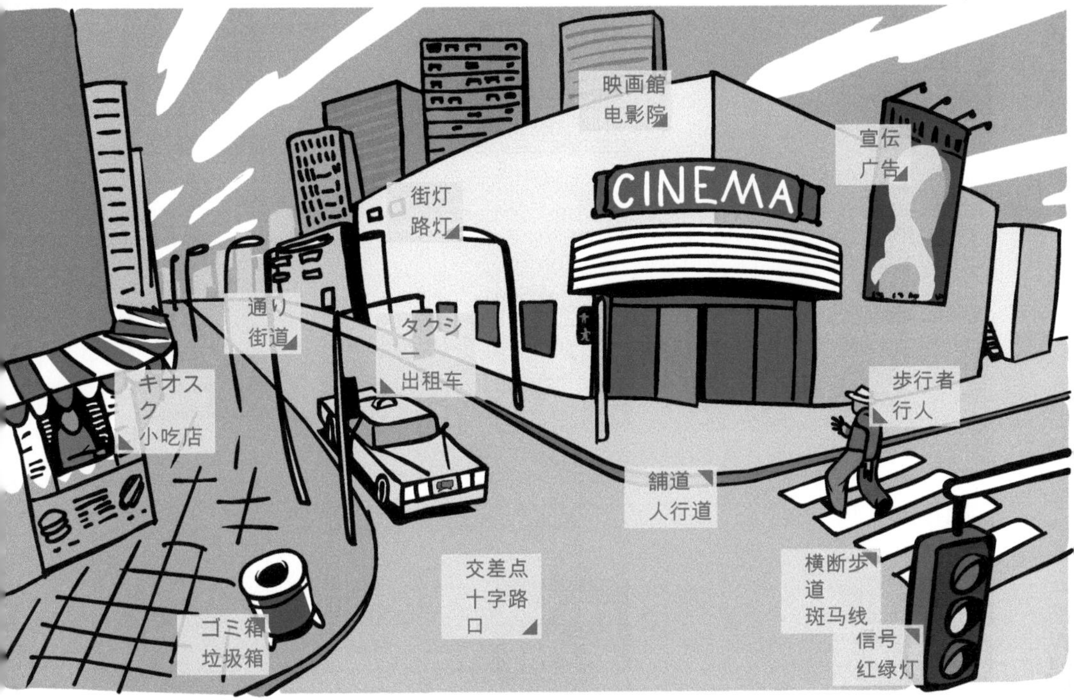

映画館
电影院
CINEMA
宣伝
广告
街灯
路灯
通り
街道
タクシー
出租车
キオスク
小吃店
歩行者
行人
舗道
人行道
交差点
十字路口
横断歩道
斑马线
ゴミ箱
垃圾箱
信号
红绿灯

小屋

小屋

アパート

公寓

駅

火车站

市役所

市政厅

MUSEUM

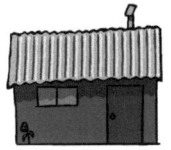

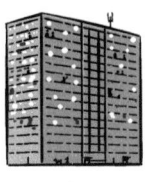

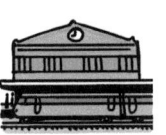

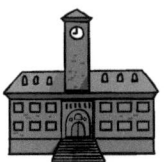

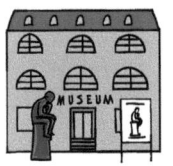

美術館

博物馆

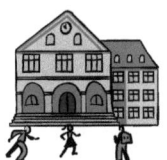

学校

学校

大学

大学

銀行

银行

病院

医院

ホテル

酒店

薬局

药房

オフィス

办公室

書店

书店

ショップ

商店

花屋

花店

スーパーマーケット

超市

市場

市场

デパート

百货商店

魚屋

鱼店

ショッピングセンター

购物中心

港

海港

公園
公园

ベンチ
长凳

橋
桥

階段
楼梯

地下鉄
地铁

トンネル
隧道

バス停
公交车站

バー
酒吧

レストラン
餐馆

ポスト
邮筒

道路標識
路标

パーキングメーター
停车计时器

動物園
动物园

スイミングプール
游泳馆

モスク
清真寺

農場
农场

汚染
污染

墓地
墓地

教会
教堂

遊び場
操场

寺
寺庙

風景
地形

葉
树叶

道標
指示牌

道路

草地
草地

石
石头

木
树

ハイカー
徒步旅行者

川
河

花
花

草
草

谷
峡谷

山
山

湖
湖

森
森林

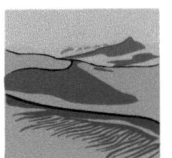

砂漠
沙漠

火山
火山

城
城堡

虹
彩虹

キノコ
蘑菇

ヤシの木
棕榈树

蚊
蚊子

ハエ
苍蝇

蟻
蚂蚁

ミツバチ
蜜蜂

クモ
蜘蛛

カブトムシ

甲虫

蛙

青蛙

リス

松鼠

ハリネズミ

刺猬

ウサギ

野兔

フクロウ

猫头鹰

鳥

鸟

白鳥

天鹅

雄豚

野猪

鹿

鹿

ヘラジカ

麋鹿

ダム

水坝

風力タービン

风力发电机

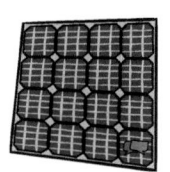

ソーラーパネル

太阳能电池板

気候

气候

レストラン
餐馆

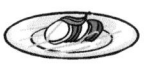

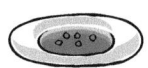

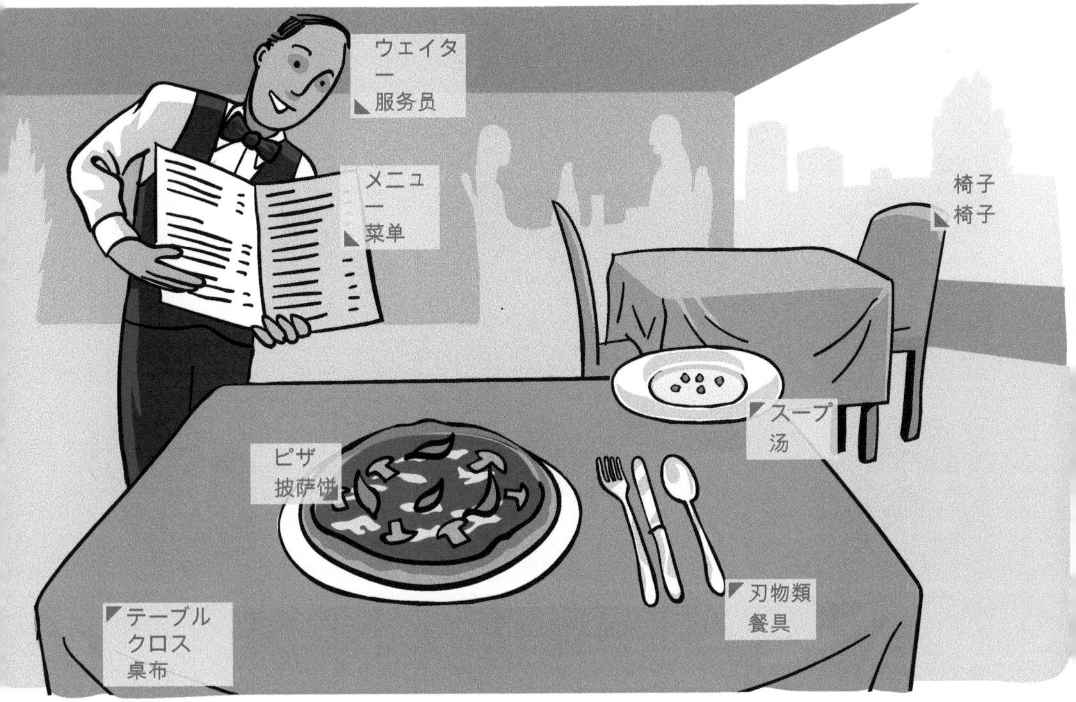
ウェイター
服务员
メニュー
菜单
椅子
椅子
スープ
汤
ピザ
披萨饼
刃物類
餐具
テーブルクロス
桌布

前菜
前菜

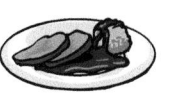

メインコース
主菜

デザート
甜点

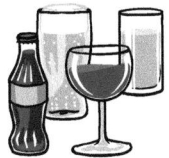

飲み物
饮料

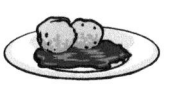

食べ物
食物

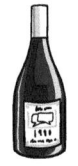

ボトル
瓶子

ファストフード

快餐

屋台の食べ物

街边小吃

ティーポット

茶壶

砂糖入れ

糖盒

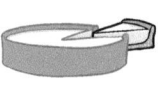

一人前

一份饭菜

エスプレッソマシン

意式咖啡机

幼児用食事椅子

高脚椅

請求書

账单

トレー

托盘

ナイフ

刀

フォーク

餐叉

スプーン

勺子

ティースプーン

茶匙

ナプキン

餐巾

グラス

玻璃杯

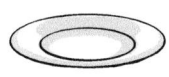

皿
碟子

スープ皿
汤盘

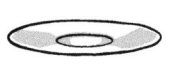

受け皿
碟子

ソース
酱

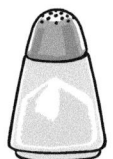

塩入れ
盐瓶

ペッパーミル
胡椒磨

酢
醋

油
食用油

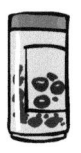

スパイス
调味料

ケチャップ
番茄酱

マスタード
芥末

マヨネーズ
蛋黄酱

スーパーマーケット
超市

特価品
特价
顧客
顾客
FOR
乳製品
乳制品
果物
水果
ショッピング・カート
购物车

BUTCHERS

肉屋

肉铺

BAKERY

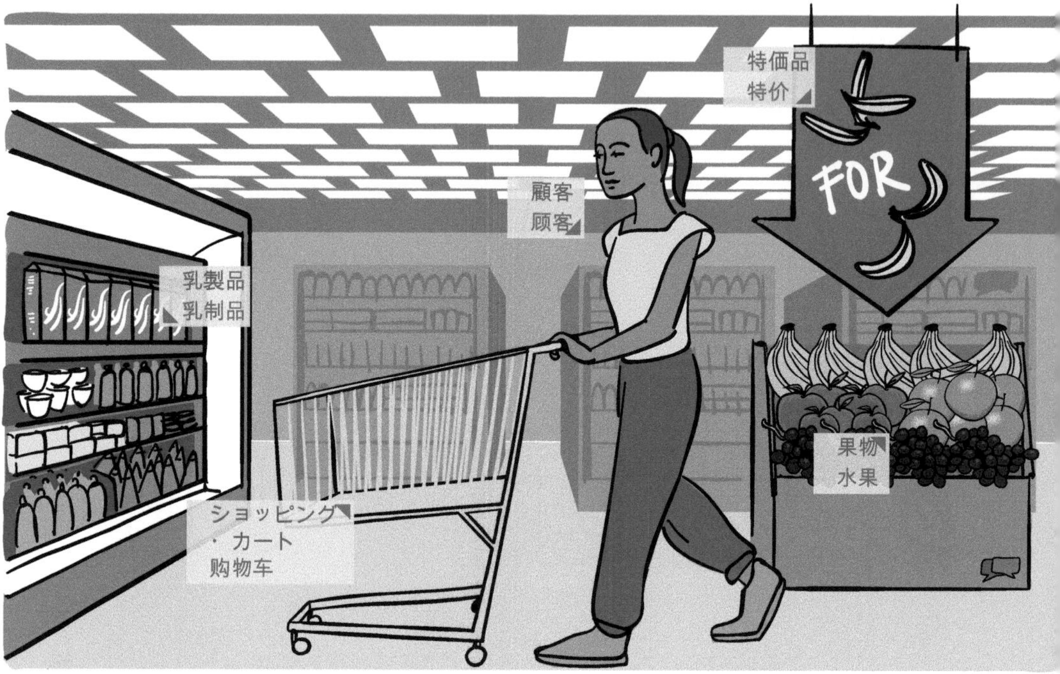

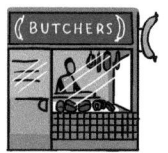

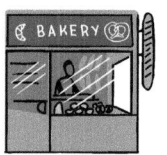

パン屋

面包房

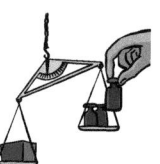

重さをはかる

称重

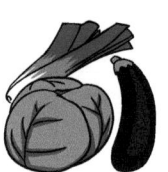

野菜

蔬菜

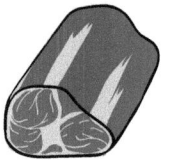

肉

肉

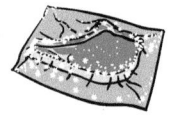

冷凍食品

冷冻食品

冷肉の薄切り

冷盘

缶詰食品

罐头食品

洗剤

洗衣粉

菓子

甜食

家庭用品

日用品

清掃用品

清洁用品

販売員

销售员

現金箱

收银机

レジ係

收银员

買い物リスト

购物清单

開館時刻

开放时间

財布

钱包

クレジットカード

信用卡

バッグ

袋子

ポリ袋

塑料袋

水
········
水

ジュース
········
果汁

牛乳
········
牛奶

コーラ
········
可乐

ワイン
········
红酒

ビール
········
啤酒

アルコール
········
酒

ココア
········
可可

紅茶
········
茶

コーヒー
········
咖啡

エスプレッソ
········
意式浓缩咖啡

カプチーノ
········
卡布奇诺

バナナ

香蕉

リンゴ

苹果

オレンジ

橙子

メロン

西瓜

レモン

柠檬

ニンジン

胡萝卜

ニンニク

大蒜

竹

竹子

玉ねぎ

洋葱

キノコ

蘑菇

ナッツ

坚果

ヌードル

面条

スパゲッティ

意大利面条

米

米饭

サラダ

沙拉

フライドポテト

薯条

フライドポテト

炸土豆

ピザ

披萨饼

ハンバーガー

汉堡包

サンドウィッチ

三明治

カツレツ

炸猪排

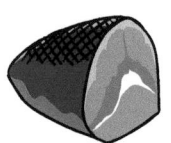

ハム

火腿

サラミ

萨拉米

ソーセージ

香肠

鶏肉

鸡肉

焼き

烤肉

魚

鱼

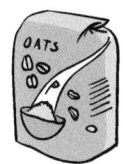

麦のお粥

燕麦片

ムーズリ

穆兹利

コーンフレーク

玉米片

小麦粉

面粉

クロワッサン

羊角面包

ロールパン

面包卷

パン

面包

トースト

烤面包

ビスケット

饼干

バター

黄油

カッテージチーズ

凝乳

ケーキ

蛋糕

卵

蛋

目玉焼き

煎蛋

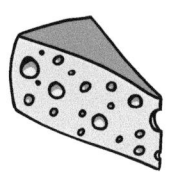

チーズ

奶酪

食べ物 - 食物

アイスクリーム

冰激凌

砂糖

糖

はちみつ

蜂蜜

ジャム

果酱

ヌガークリーム

巧克力酱

カレー

咖喱饭

農場
农场

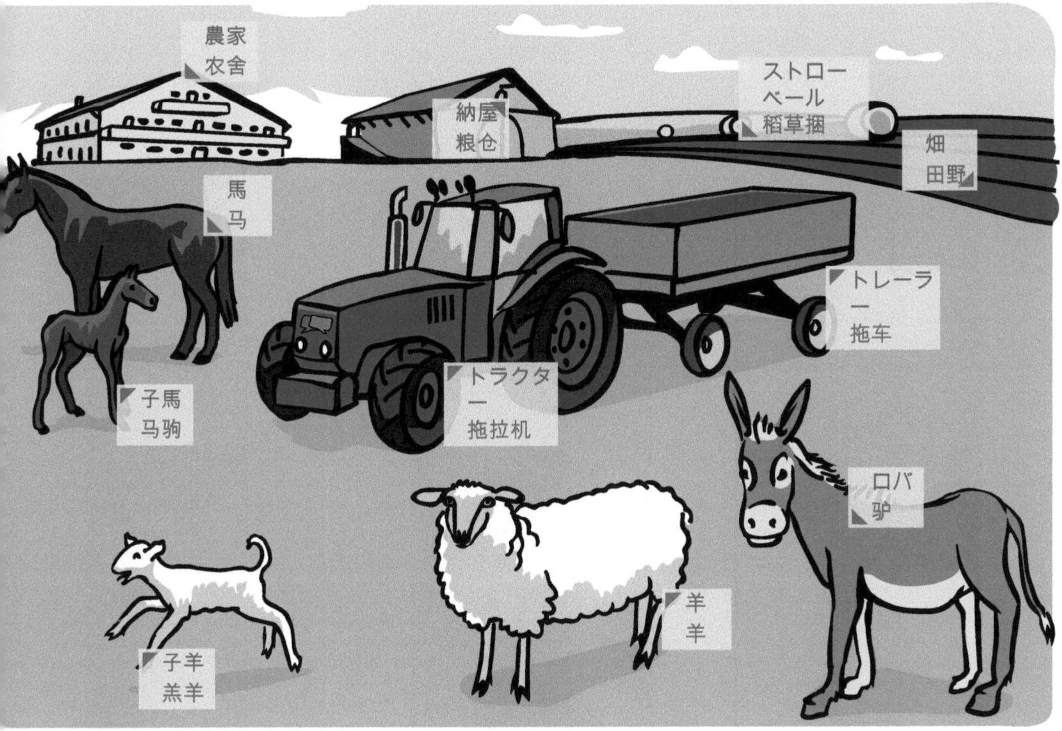
農家
农舍
納屋
粮仓
ストローベール
稻草捆
畑
田野
馬
马
トレーラー
拖车
子馬
马驹
トラクター
拖拉机
ロバ
驴
羊
羊
子羊
羔羊

ヤギ

山羊

雌牛

奶牛

子牛

牛犊

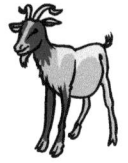

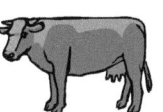

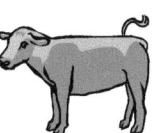

豚

猪

子豚

小猪

雄牛

公牛

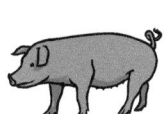

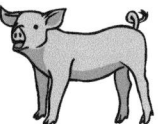

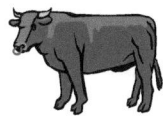

ガチョウ
鹅

アヒル
鸭

ひよこ
小鸡

にわとり
母鸡

おんどり
公鸡

ネズミ
鼠

猫
猫

ねずみ
老鼠

雄牛
牛

犬
狗

犬小屋
狗屋

散水ホース
花园浇水软管

じょうろ
洒水壶

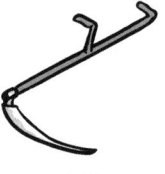

大鎌
长柄大镰刀

すき
犁

草刈り鎌

镰刀

くわ

锄头

堆肥用フォーク

长柄草耙

斧

斧头

手押し車

独轮手推车

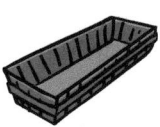

かいばおけ

饲料槽

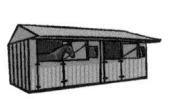

牛乳缶

牛奶罐

袋

麻布袋

フェンス

栅栏

畜舎

马厩

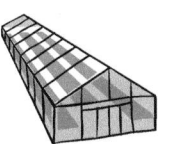

温室

温室

土壌

土壤

種

种子

肥料

肥料

コンバイン

联合收割机

収穫する
収割

収穫
收割

ヤマイモ
山药

小麦
小麦

大豆
大豆

じゃがいも
土豆

トウモロコシ
玉米

菜種
油菜籽

果樹
果树

キャッサバ
树薯

穀物
谷物

家

房子

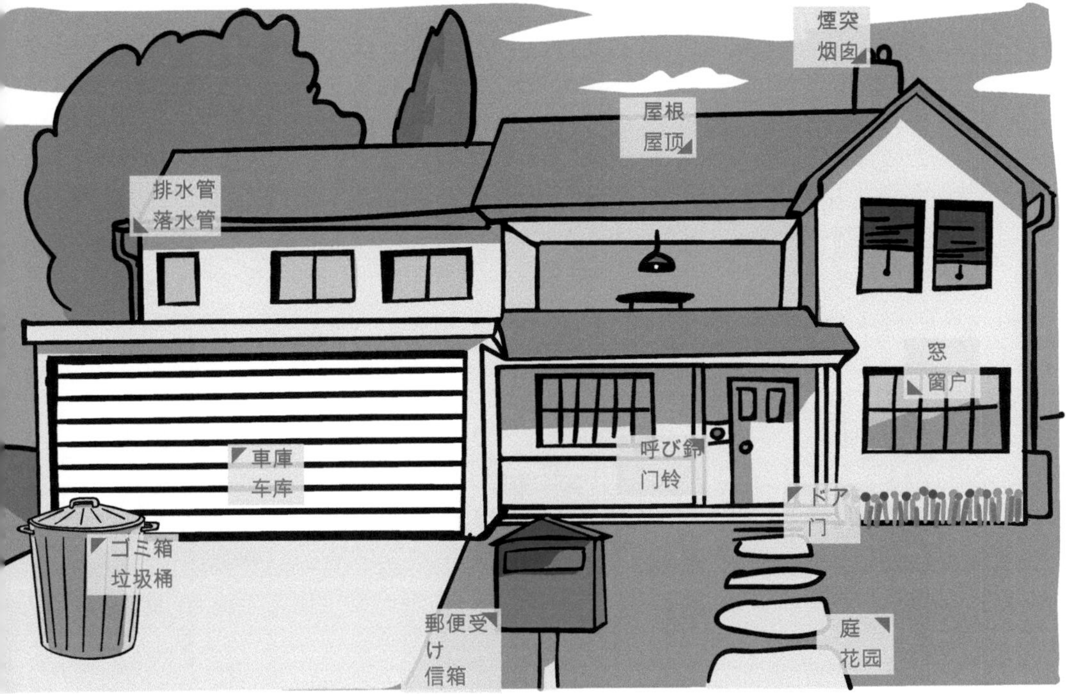

煙突
烟囱
屋根
屋顶
排水管
落水管
窓
窗户
車庫
车库
呼び鈴
门铃
ドア
门
ゴミ箱
垃圾桶
郵便受け
信箱
庭
花园

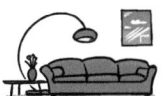

リビングルーム

客厅

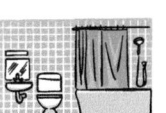

浴室

浴室

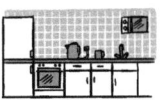

台所

厨房

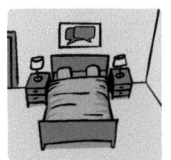

寝室

卧室

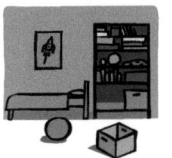

子供部屋

儿童房

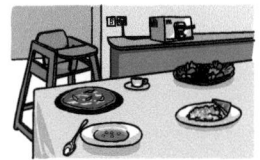

ダイニング・ルーム

餐厅

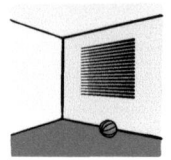

床
地板

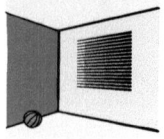

壁
墙壁

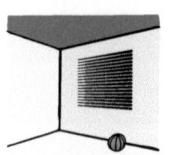

天井
吊顶

地下貯蔵庫
地窖

サウナ
桑拿

バルコニー
阳台

テラス
露台

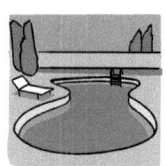

プール
游泳池

芝刈り機
割草机

シーツ
被单

ベッドカバー
床罩

ベッド
床

ほうき
扫帚

バケツ
水桶

スイッチ
开关

リビングルーム
客厅

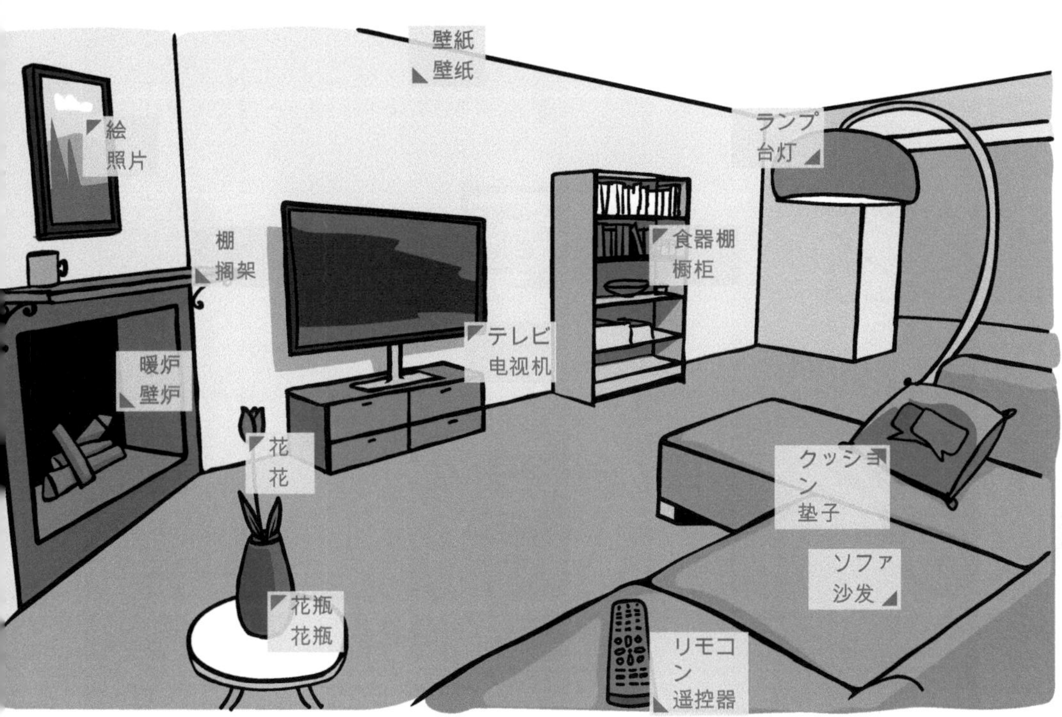
壁紙
壁纸
絵
照片
棚
搁架
暖炉
壁炉
花
花
花瓶
花瓶
テレビ
电视机
食器棚
橱柜
ランプ
台灯
クッション
垫子
ソファ
沙发
リモコン
遥控器

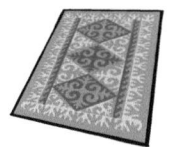

カーペット
地毯

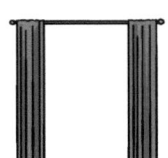

カーテン
窗帘

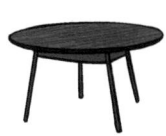

テーブル
餐桌

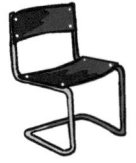

椅子
椅子

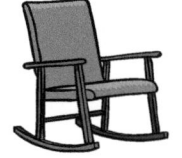

ロッキングチェア
摇椅

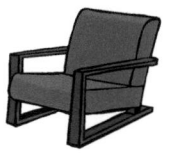

ひじ掛け椅子
扶手椅

本
书

毛布
毯子

飾り
装饰品

たきぎ
木柴

映画
电影

ステレオ
高保真音响

鍵
钥匙

新聞
报纸

絵画
油画

ポスター
海报

ラジオ
收音机

メモ帳
笔记本

掃除機
吸尘器

サボテン
仙人掌

ろうそく
蜡烛

台所
厨房

冷蔵庫
冰箱
電子レンジ
微波炉
調理用はかり
厨房秤
トースター
烤面包机
洗剤
洗洁精
冷凍室
冰柜
オーブン
烤箱
ゴミ箱
垃圾桶
食器洗い機
洗碗机

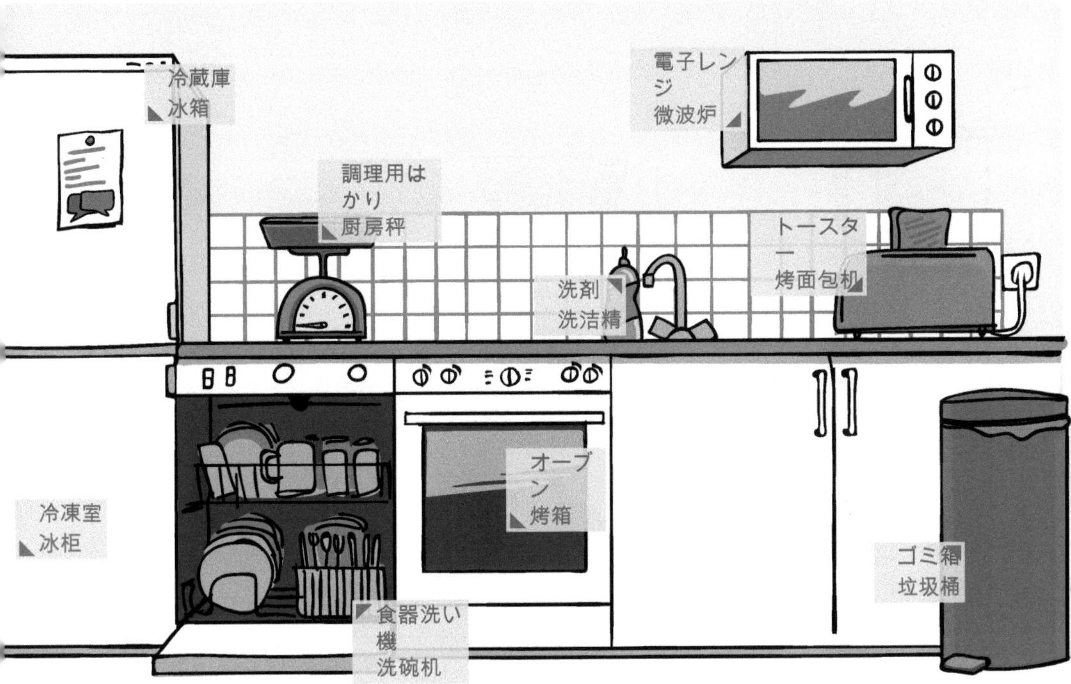

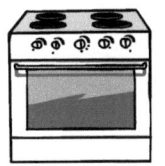

こんろ

炊具

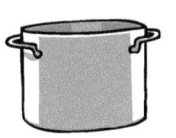

鍋

锅

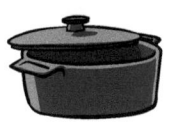

鉄鍋

铸铁锅

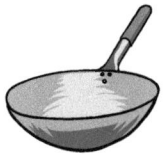

中華鍋/ カダイ鍋

炒锅

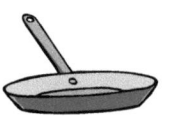

フライパン

平底锅

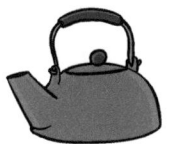

やかん

水壶

蒸し器

蒸锅

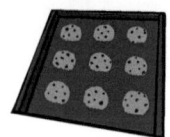

天板

烤盘

食器

陶瓷锅

マグカップ

马克杯

ボウル

碗

箸

筷子

おたま

长柄勺

へら

铲子

泡立て器

搅拌器

こし器

滤网

ふるい

筛子

すりおろし器

磨碎机

すり鉢

研钵

バーベキュー

烧烤

かまど

明火

まな板

菜板

麺棒

擀面杖

栓抜き

开瓶器

缶

罐子

缶切り

开罐器

鍋つかみ

隔热手套

流し

水槽

ブラシ

刷子

スポンジ

海绵

ミキサー

搅拌机

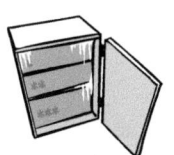

冷凍庫

冷藏箱

哺乳瓶

奶瓶

蛇口

水龙头

台所 - 厨房

浴室

浴室

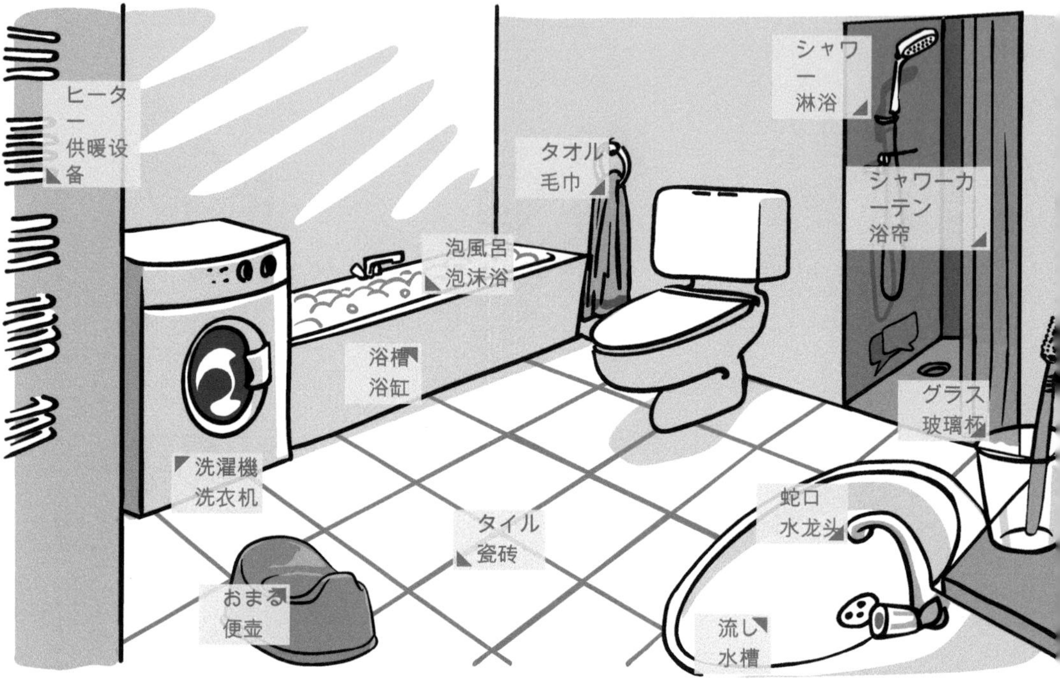

ヒーター
供暖设备
シャワー
淋浴
タオル
毛巾
シャワーカーテン
浴帘
泡風呂
泡沫浴
浴槽
浴缸
グラス
玻璃杯
洗濯機
洗衣机
蛇口
水龙头
タイル
瓷砖
おまる
便壶
流し
水槽

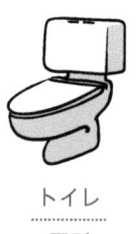

トイレ

厕所

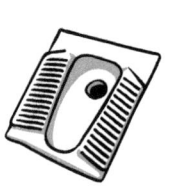

和式トイレ

蹲便器

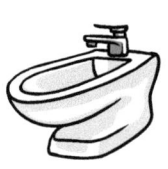

ビデ

坐浴器

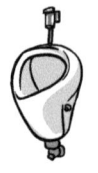

小便器

小便池

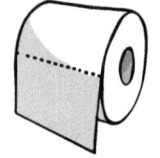

トイレットペーパー

厕纸

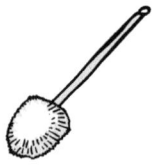

トイレブラシ

马桶刷

歯ブラシ

牙刷

歯みがき

牙膏

デンタルフロス

牙线

洗う

洗

シャワーヘッド

手持式喷淋头

ハンドビデ

冲洗器

洗面台

洗脸盆

ボディブラシ

擦背刷

石鹸

肥皂

シャワー用ジェル

沐浴露

シャンプー

洗发水

浴用タオル

法兰绒

排水口

排水

クリーム

乳霜

消臭

除臭剂

鏡

镜子

手鏡

手镜

かみそり

剃须刀

シェービング・フォーム

剃须泡沫

アフターシェーブローショ
ン

须后水

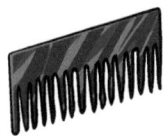

櫛

梳子

ブラシ

刷子

ドライヤー

吹风机

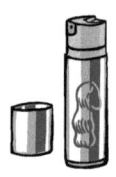

ヘアスプレー

喷发定型剂

化粧

化妆品

口紅

唇膏

マニキュア

指甲油

脱脂綿

化妆棉

爪切り

指甲剪

香水

香水

洗面用具入れ

洗漱包

スツール

凳子

体重計

计重秤

バスローブ

浴袍

ゴム手袋

橡胶手套

タンポン

卫生棉条

生理用ナプキン

卫生巾

ケミカルトイレ

化学厕所

子供部屋

儿童房

目覚まし
時計
闹钟
ぬいぐるみ
毛绒玩具
おもちゃの
自動車
玩具车
がらがら
拨浪鼓
ドール・ハウス
玩具屋
プレゼント
礼物

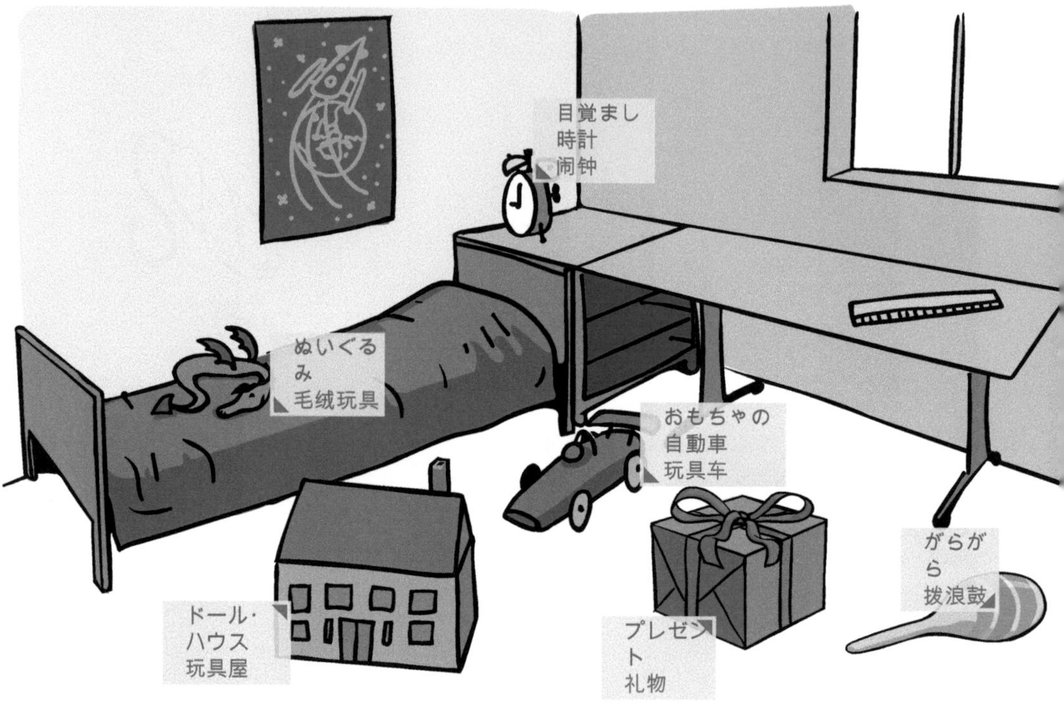

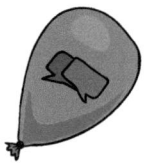

風船

气球

ベッド

床

ベビーカー

（洋娃娃用）婴儿车

カードゲーム

扑克牌

ジグソーパズル

拼图

SUPER
MEGA

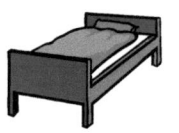

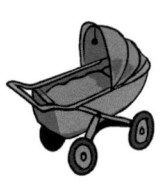

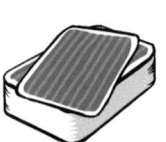

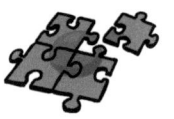

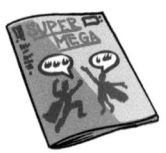

漫画

漫画

レゴ
乐高积木

玩具ブロック
积木玩具

アクションフィギュア
玩具人

ロンパース
婴儿服

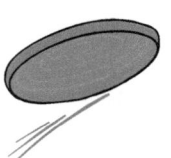

フリスビー
飞盘

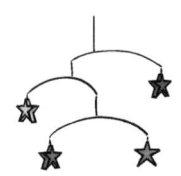

モバイル
床铃玩具

ボードゲーム
棋盘游戏

さいころ
骰子

鉄道模型
火车模型

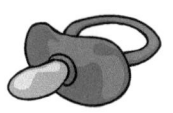

おしゃぶり
安抚奶嘴

パーティー
聚会

絵本
绘本

ボール
球

人形
洋娃娃

遊ぶ
玩

砂場

沙坑

ブランコ

秋千

おもちゃ

玩具

ゲーム機

游戏机

三輪車

三轮车

テディベア

泰迪熊

衣装ダンス

衣柜

衣服

衣服

靴下

袜子

ストッキング

长袜

タイツ

紧身裤

▼スカー
フ
围巾

雨傘
雨伞

▼Tシャ
ツ
T恤

ベルト
皮带▲

ブーツ
靴子▲

スリッ
パ
▲拖鞋

▼スニーカ
ー
运动鞋

サンダル	靴	ゴム長靴
涼鞋	鞋	雨靴
パンツ	ブラ	ベスト
内裤	胸罩	背心

ボディースーツ

身体

ズボン

裤子

ジーンズ

牛仔裤

スカート

短裙

ブラウス

女式衬衫

シャツ

衬衫

セーター

套头衫

パーカー

卫衣

ブレザー

西装夹克

ジャケット

夹克

コート

外套

レインコート

雨衣

服装

套装

ドレス

连衣裙

ウェディングドレス

婚纱

スーツ

西装

ナイトガウン

睡袍

パジャマ

睡衣

サリー

莎丽

ヘッドスカーフ

头巾

ターバン

包头巾

ブルカ

波卡

カフタン

卡夫坦

アバヤ

(阿拉伯式)长袍长袍

水着

泳衣

トランクス

男式泳裤

半ズボン

短裤

スウェットスーツ

运动服

エプロン

围裙

手袋

手套

ボタン

紐扣

メガネ

眼镜

ブレスレット

手链

ネックレス

项链

指輪

戒指

イヤリング

耳环

帽子

便帽

ハンガー

衣架

帽子

帽子

ネクタイ

领带

ファスナー

拉链

ヘルメット

头盔

サスペンダー

背带

制服

校服

ユニフォーム

制服

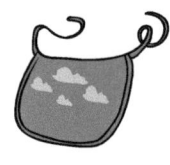

よだれかけ

围兜

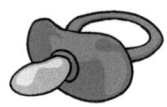

おしゃぶり

安抚奶嘴

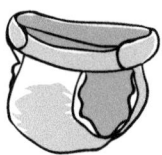

おむつ

尿不湿

オフィス
办公室

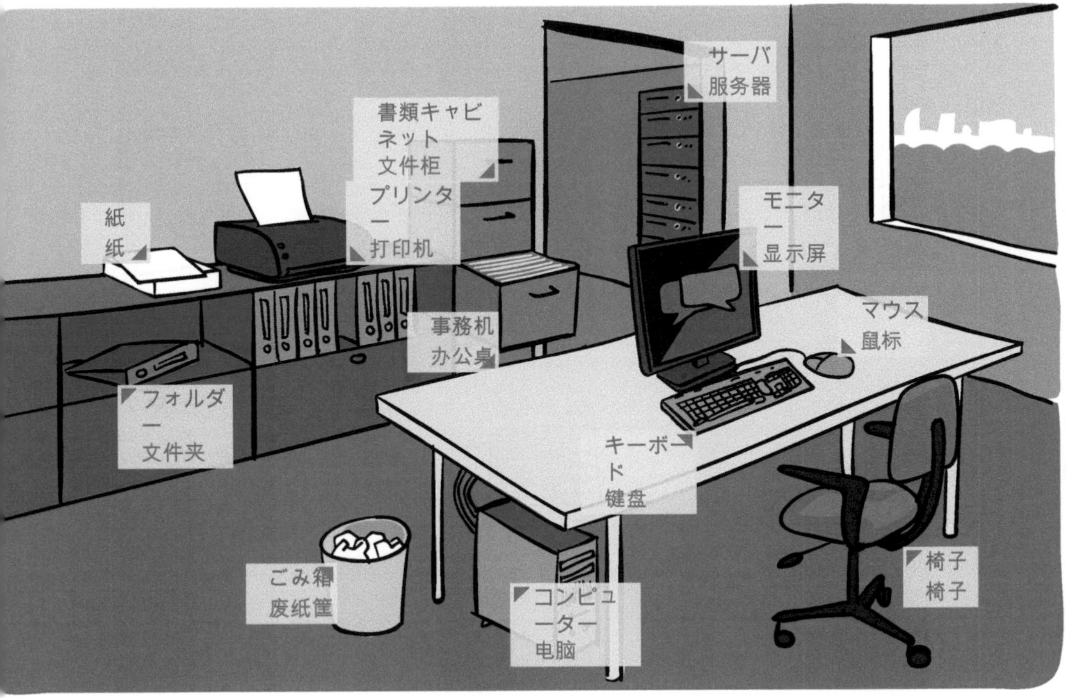

サーバ
服务器
書類キャビネット
文件柜
紙
紙
プリンター
打印机
モニター
显示屏
マウス
鼠标
事務机
办公桌
フォルダー
文件夹
キーボード
键盘
椅子
椅子
ごみ箱
废纸篓
コンピューター
电脑

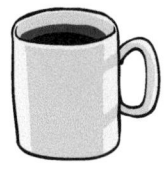

コーヒーマグ

咖啡杯

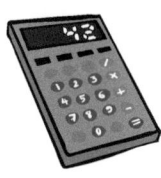

計算機

计算器

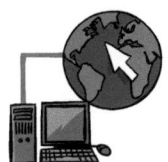

インターネット

因特网

ラップトップ
笔记本电脑

手紙
信件

メッセージ
消息

携帯電話
手机

ネットワーク
网络

コピー機
复印机

ソフトウェア
软件

電話
电话

コンセント
插座

ファックス
传真机

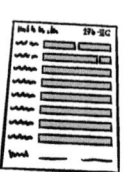

フォーム
表格

書類
文件

買う

买

支払う

付钱

取引する

交易

お金

现金

ドル

美元

ユーロ

欧元

円

日元

ルーブル

卢布

スイスフラン

瑞士法郎

人民元

人民币

ルピー

卢比

キャッシュポイント

提款处

両替所

外币兑换处

金

金

銀

银

油

石油

エネルギー

能源

価格

价格

契約

合同

税金

税金

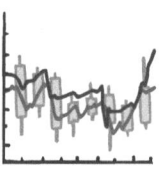

株

股票

働く

工作

従業員

职员

雇用主

老板

工場

工厂

ショップ

商店

52   経済 - 经济

職業

职业

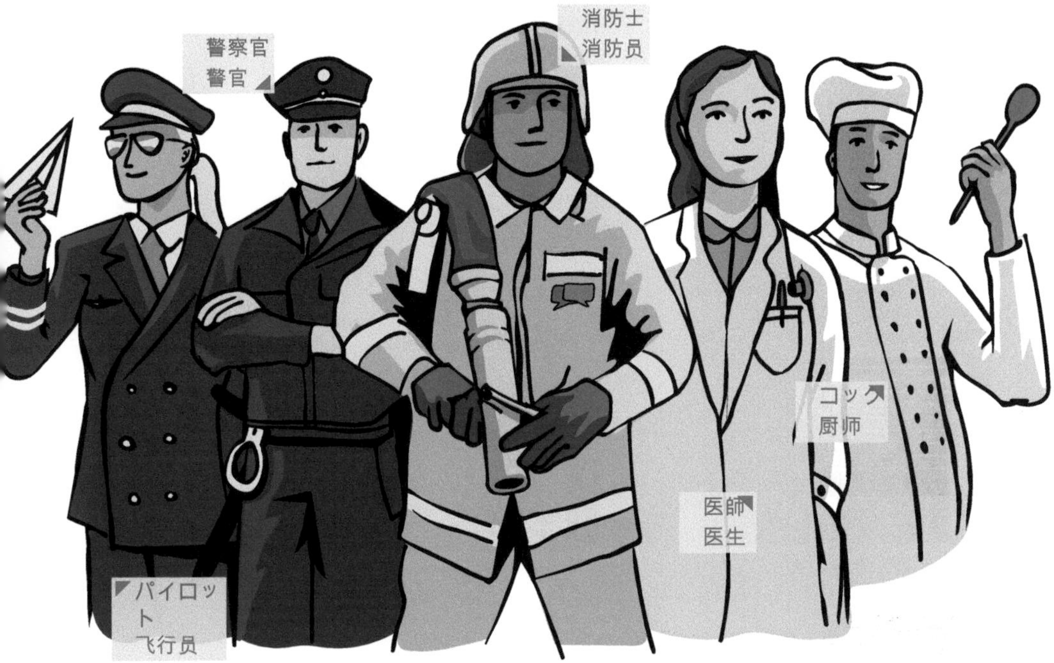
警察官
警官
消防士
消防员
コック
厨师
医師
医生
パイロット
飞行员

庭師

园丁

大工

木匠

お針子

裁缝

裁判官

法官

化学者

化学家

俳優

演员

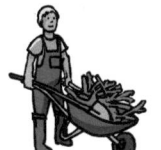

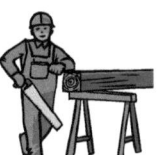

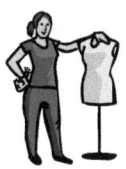

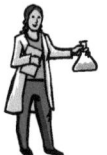

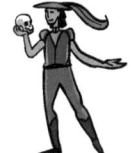

バスの運転手

公交车司机

タクシー運転手

出租车司机

漁師

渔夫

掃除婦

清洁女工

屋根ふき職人

屋顶工

ウェイター

服务员

ハンター

猎人

塗装工

画家

パン屋

面包师

電気工

电工

建設作業員

建筑工人

エンジニア

工程师

肉屋

屠夫

配管工

水管工

郵便配達人

邮递员

軍人
士兵

建築家
建筑师

レジ係
收银员

花屋
花农

美容師
理发师

車掌
售票员

機械工
机械师

キャプテン
船长

歯科医
牙医

科学者
科学家

ラビ
拉比

イスラム導師
伊玛目

修道士
和尚

牧師
牧师

職業 - 职业

道具
工具

ハンマー
铁锤
くぎ抜き
钳子
ドライバー
螺丝刀
スパナ
扳手
懐中電灯
手电筒

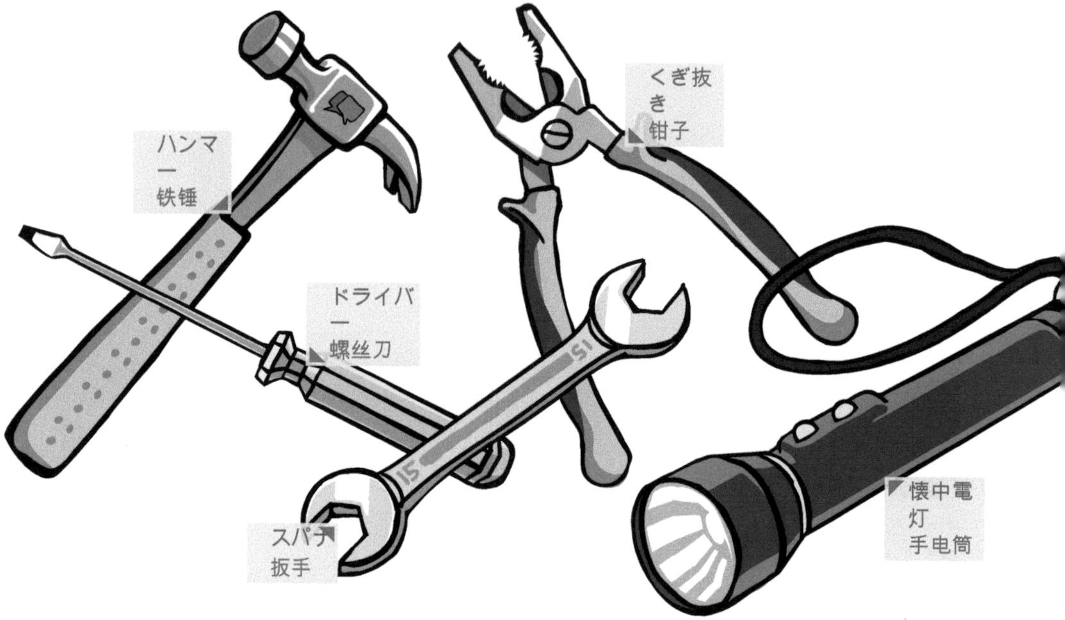

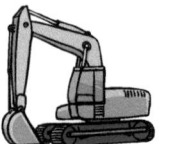

掘削機

挖掘机

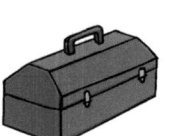

道具箱

工具箱

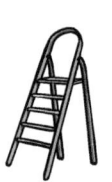

はしご

梯子

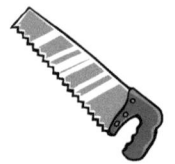

のこぎり

锯子

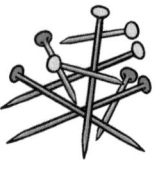

釘

钉子

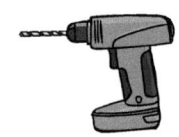

ドリル

钻机

修理する
……………
修

シャベル
……………
铲子

クソ！
……………
靠！

ちりとり
……………
簸箕

ペンキ缶
……………
油漆桶

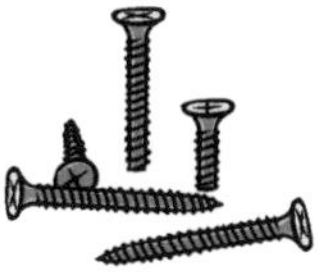

ネジ
……………
螺丝

楽器
乐器

スピーカ
ー
▲扬声器

打楽器
打击乐
器 ◢

▼コントラ
バス
低音提琴

トランペ
ット
小号

ギター
吉他 ◢

ピアノ

钢琴

バイオリン

小提琴

バス

贝斯

ティンパニ

定音鼓

ドラム

鼓

キーボード

电子琴

サックス

萨克斯管

フルート

长笛

マイクロフォン

麦克风

虎
老虎

おり
笼子

シマウ
マ
斑马

飼料
动物饲
料

パンダ
熊猫

入口
入口

動物
....
动物

象
....
大象

カンガルー
....
袋鼠

サイ
....
犀牛

ゴリラ
....
大猩猩

熊
....
熊

ラクダ

骆驼

ダチョウ

鸵鸟

ライオン

狮子

猿

猴子

フラミンゴ

火烈鸟

オウム

鹦鹉

白クマ

北极熊

ペンギン

企鹅

サメ

鲨鱼

クジャク

孔雀

蛇

蛇

ワニ

鳄鱼

飼育係

动物园管理员

アザラシ

海豹

ジャガー

美洲豹

ポニー

矮种马

ヒョウ

豹

カバ

河马

キリン

长颈鹿

鷲

老鹰

雄豚

野猪

魚

鱼

亀

龟

セイウチ

海象

狐

狐狸

ガゼル

羚羊

動物園 - 动物园　　61

アメフト
橄榄球

サイクリング
骑自行车

テニス
网球

バスケットボール
篮球

水泳
游泳

ボクシング
拳击

アイスホッケー
冰球

サッカー

英式足球

バドミントン

羽毛球

陸上競技

田径

ハンドボール

手球

スキー

滑雪

ポロ

马球

跳ぶ
跳

笑う
笑

抱きしめる
拥抱

歩く
走路

歌う
唱

夢見る
做梦

祈る
祈祷

キス
亲吻

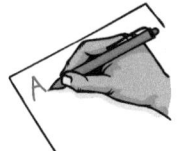

書く
书写

描く
画

示す
展示

押す
推

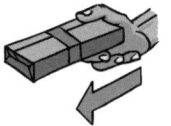

与える
给

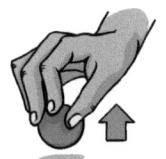

取る
拿

持っている
有

する
做

ある
当

立つ
站

走る
跑

引く
拉

投げる
扔

落ちる
摔倒

横たわっている
躺

待つ
等待

運ぶ
携帯

座る
坐

着る
穿衣

眠る
睡覚

目が覚める
醒来

見る
看

泣く
哭

なでる
抚摸

櫛ですく
梳头

話す
交谈

理解する
明白

質問する
问

聞く
听

飲む
喝

食べる
吃

片づける
清理

愛する
爱

料理する
做饭

運転する
开车

飛ぶ
飞

ヨットに乗る
航行

計算する
计算

読む
读

学ぶ
学习

働く
工作

結婚する
结婚

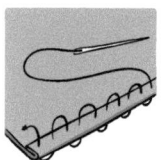

縫う
缝

歯を磨く
刷牙

殺す
杀

喫煙する
抽烟

送る
寄

祖母
祖母

祖父
祖父

父
父亲

母
母亲

赤ん坊
嬰童

娘
女儿

息子
儿子

お客様

客人

おば

阿姨

おじ

叔叔

兄弟

兄弟

姉妹

姐妹

体

身体

ひたい
前额
目
眼睛
肩
肩膀
指
手指
顔
脸
あご
下巴
手
手
胸
乳房
脚
腿
腕
手臂

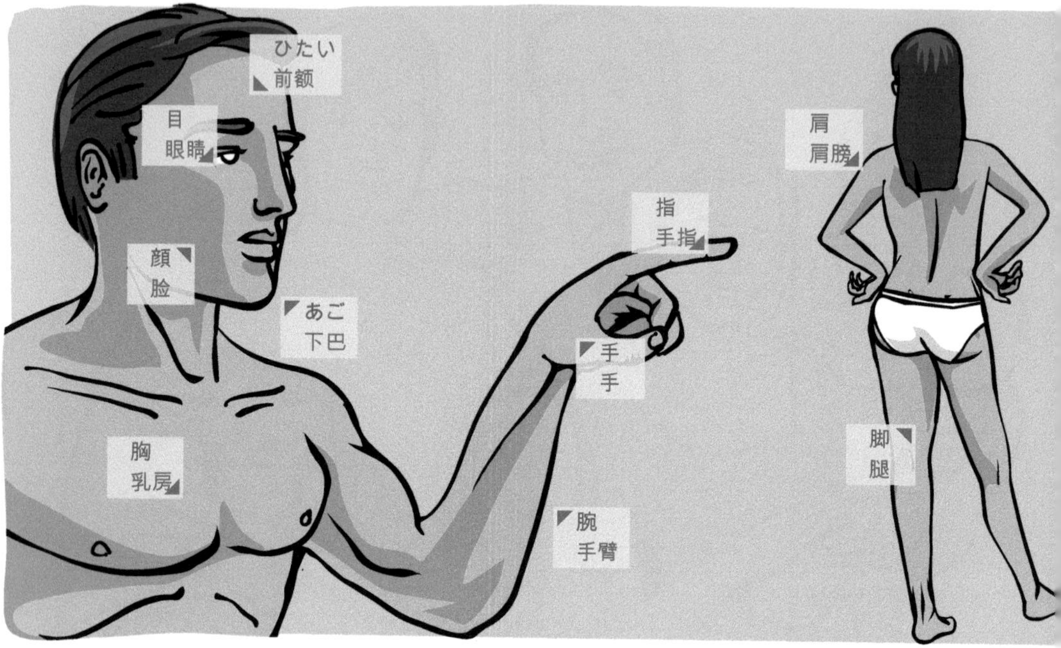

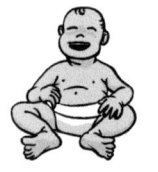

赤ん坊

婴童

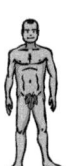

男性

男人

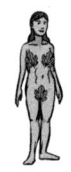

女性

女人

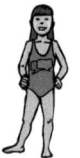

少女

女孩

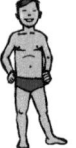

少年

男孩

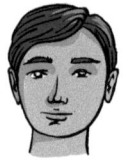

頭

头

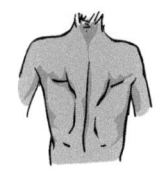

背中
背部

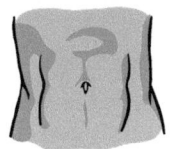

腹
肚子

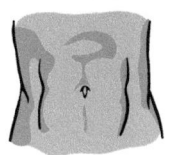

へそ
肚脐

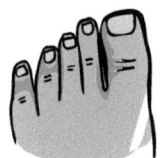

足指
脚趾

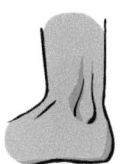

かかと
脚后跟

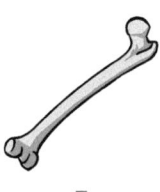

骨
骨头

腰
臀部

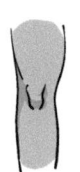

ひざ
膝盖

ひじ
手肘

鼻
鼻子

尻
屁股

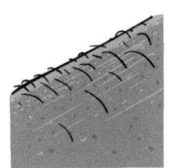

皮膚
皮肤

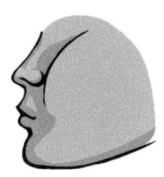

頬
脸颊

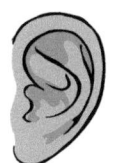

耳
耳朵

唇
嘴唇

体 - 身体

口
嘴

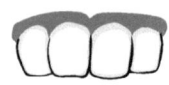

歯
牙齿

舌
舌头

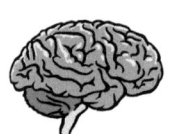

脳
脑

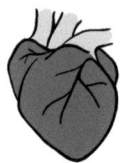

心臓
心脏

筋肉
肌肉

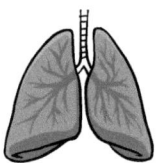

肺
肺

肝臓
肝脏

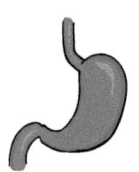

胃
胃

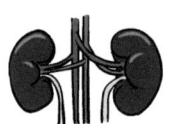

腎臓
肾脏

セックス
性交

コンドーム
避孕套

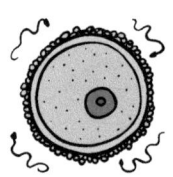

卵細胞
卵子

精液
精子

妊娠
怀孕

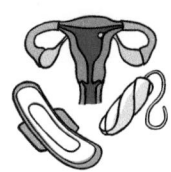

月経
....
月经

膣
....
阴道

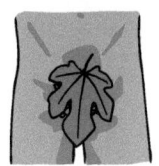

ペニス
....
阴茎

眉
....
眉毛

髪
....
头发

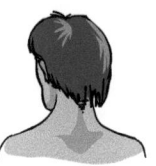

首
....
脖子

病院
医院

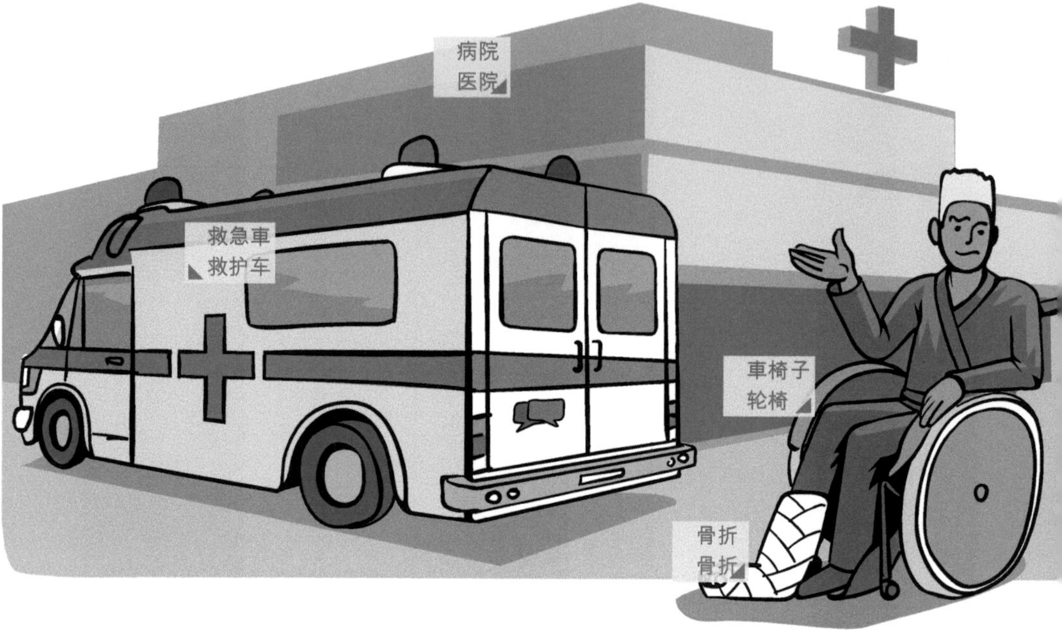

病院
医院
救急車
救护车
車椅子
轮椅
骨折
骨折

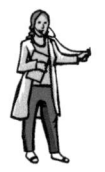

医師

医生

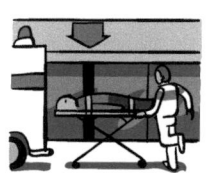

救急治療室

急诊室

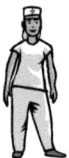

看護師

护士

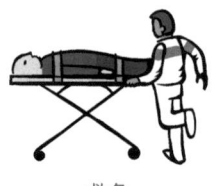

救急

紧急情况

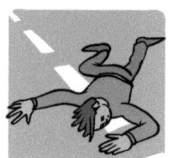

失神

昏迷

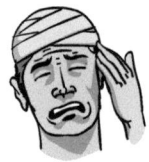

痛み

痛

けが
受伤

出血
出血

心臓発作
心脏病发作

脳卒中
中风

アレルギー
过敏

咳
咳嗽

熱
发烧

インフルエンザ
流感

下痢
腹泻

頭痛
头痛

癌
癌症

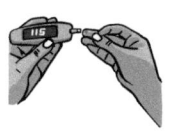

糖尿病
糖尿病

外科医
外科医生

外科用メス
手术刀

手術
手术

病院 - 医院

CT

CT

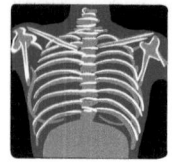

レントゲン

X光

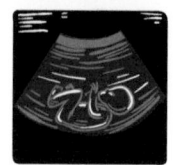

超音波

超声波

マスク

口罩

病気

疾病

待合室

候诊室

松葉づえ

拐杖

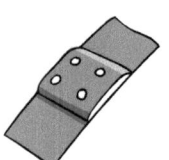

ばんそうこう

石膏

包帯

绷带

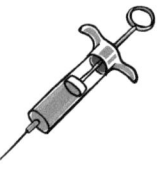

注射

注射

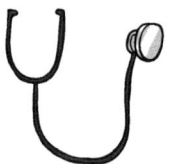

聴診器

听诊器

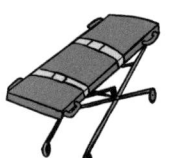

担架

担架

体温計

体温計

出産

出生

肥満

超重

補聴器

助听器

消毒剤

消毒液

感染

感染

ウイルス

病毒

HIV / エイズ

艾滋病

内服薬

药物

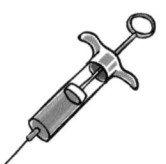

予防接種

接种疫苗

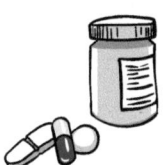

錠剤

药片

ピル

药丸

緊急電話

急救电话

血圧計

血压计

病気の / 健康な

生病/健康

助けて！

救命！

アラーム

警報

暴行

突击

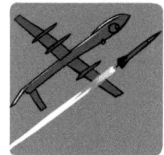

攻撃

攻击

危険

危险

非常口

紧急出口

火事だ！

着火啦！

消火器

灭火器

事故

意外

救急箱

急救箱

SOS

呼救信号

警察

警察

ヨーロッパ

欧洲

北米

北美洲

南米

南美洲

アフリカ

非洲

アジア

亜洲

オーストラリア

澳洲

大西洋

大西洋

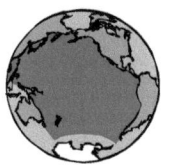

太平洋

太平洋

インド洋

印度洋

南極海

南冰洋

北極海

北冰洋

北極

北极

南極
南极

南極大陸
南极洲

地球
地球

陸
陆地

海
海

島
岛

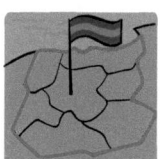

国家
国家

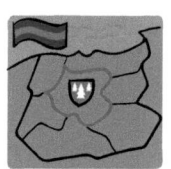

国家
国家

文字盤

钟面

短針

时针

長針

分针

秒針

秒针

何時ですか？

现在几点？

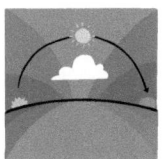

日

天

時間

时间

現在

现在

デジタル時計

电子表

分

分

時間

时

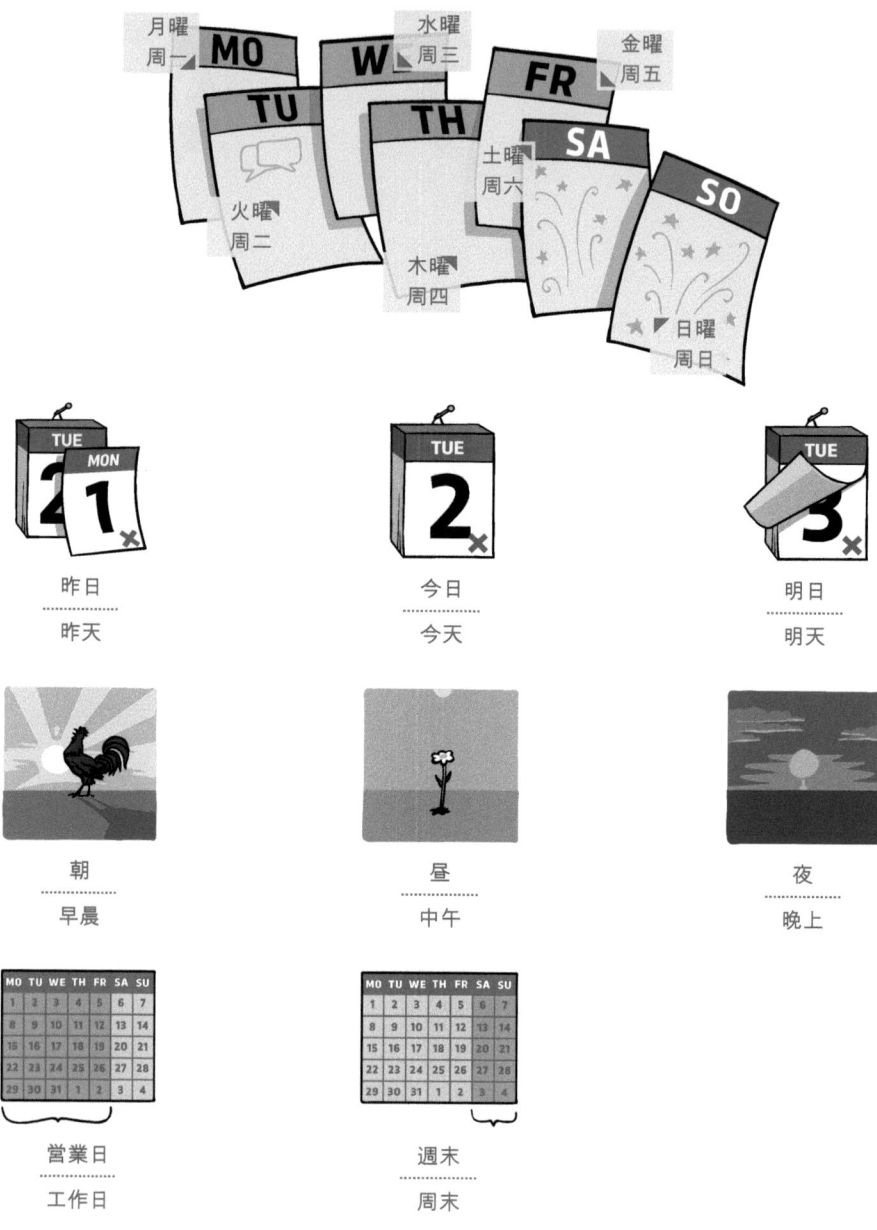

月曜　周一　MO

火曜　周二　TU

水曜　周三　WE

木曜　周四　TH

金曜　周五　FR

土曜　周六　SA

日曜　周日　SO

TUE　MON　2 1 ×
昨日
昨天

TUE　2 ×
今日
今天

TUE　3 ×
明日
明天

朝
早晨

昼
中午

夜
晚上

MO	TU	WE	TH	FR	SA	SU
1	2	3	4	5	6	7
8	9	10	11	12	13	14
15	16	17	18	19	20	21
22	23	24	25	26	27	28
29	30	31	1	2	3	4

営業日
工作日

MO	TU	WE	TH	FR	SA	SU
1	2	3	4	5	6	7
8	9	10	11	12	13	14
15	16	17	18	19	20	21
22	23	24	25	26	27	28
29	30	31	1	2	3	4

週末
周末

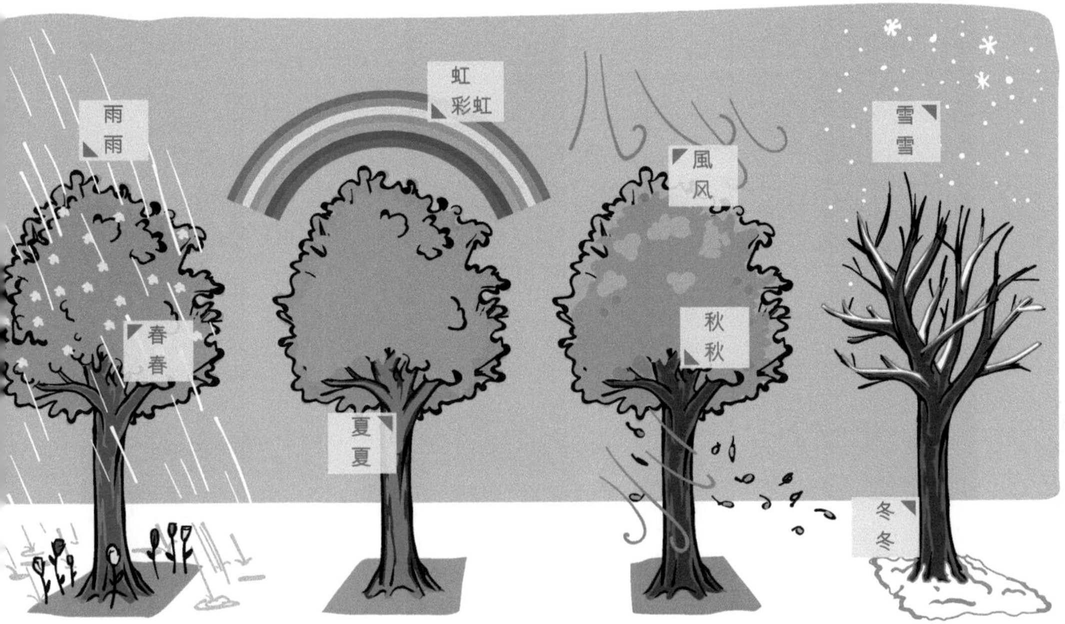

雨
雨

虹
彩虹

風
风

雪
雪

春
春

夏
夏

秋
秋

冬
冬

天気予報
....
天气预报

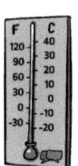

温度計
....
温度计

日差し
....
阳光

雲
....
云

霧
....
雾

湿度
....
潮湿

雷

闪电

雷

打雷

嵐

风暴

ひょう

冰雹

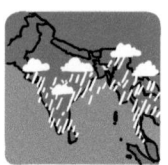

季節風

季风

洪水

洪水

氷

冰

1月

一月

2月

二月

3月

三月

4月

四月

5月

五月

6月

六月

7月

七月

8月

八月

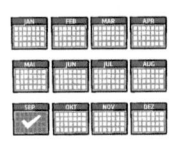

9月
....
九月

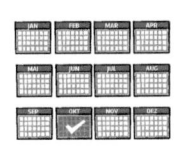

10月
....
十月

11月
....
十一月

12月
....
十二月

形
形状

円
....
圆形

正方形
....
正方形

長方形
....
长方形

三角
....
三角形

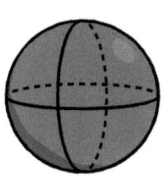

球
....
球体

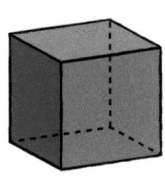

立方体
....
立方体

色
颜色

白
白

黄
黄

オレンジ
橙

ピンク
粉

赤
红

紫
紫

青
蓝

緑
绿

茶
棕

灰色
灰

黒
黑

多い ／ 少ない

很多/少许

怒っている ／
落ち着いている
生气/平静

美しい ／ 醜い

美/丑

初め ／ 終わり

首/尾

大きい ／ 小さい

大/小

明るい ／ 暗い

明/暗

兄弟 ／ 姉妹

兄弟/姐妹

清潔な ／ 汚い

干净/肮脏

完全な ／ 不完全な

完整/缺失

日中 ／ 夜

白天/晚上

死んだ ／ 生きている

死/生

幅広い ／ 狭い

宽/窄

食べられる　/
食べられない
可食用/非食用

悪意のある　/　親切な
邪悪/善良

興奮している　/
退屈している
兴奋/无聊

太った　/　痩せた
胖/瘦

最初に　/　最後に
第一/最后

友人　/　敵
朋友/敌人

いっぱいの　/　空の
满/空

硬い　/　柔らかい
硬/软

重い　/　軽い
重/轻

空腹　/　喉の渇き
饿/渴

病気の　/　健康な
生病/健康

違法な　/　合法な
非法/合法

賢い　/　愚かな
聪明/愚笨

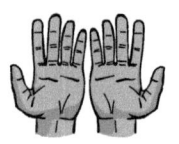

左に　/　右に
左/右

近い　/　遠い
近/远

新しい ／ 中古の

新/旧

何もない ／ 何かある

没有/有些

老いた ／ 若い

老/幼

オン ／ オフ

开/关

開いている ／
閉まっている

打开/合上

静かな ／ うるさい

安静/吵闹

裕福な ／ 貧乏な

富/穷

正しい ／間違っている

对/错

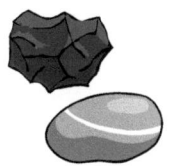

粗い ／ なめらか

粗糙/光滑

悲しい ／ 幸せな

伤心/高兴

短い ／ 長い

短/长

ゆっくり ／ 速い

慢/快

濡れた ／ 乾いた

湿/干

温かい ／ 冷たい

温暖/凉爽

戦争 ／ 平和

战争/和平

0
ゼロ
零

1
1
一

2
2
二

3
3
三

4
4
四

5
5
五

6
6
六

7
7
七

8
8
八

9
9
九

10
10
十

11
11
十一

12

12
十二

13

13
十三

14

14
十四

15

15
十五

16

16
十六

17

17
十七

18

18
十八

19

19
十九

20

20
二十

100

100
百

1.000

1000
千

1.000.000

100万
百万

英語
英语

アメリカ英語
美式英语

中国標準語
普通话

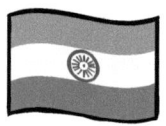

ヒンディー語
印地语

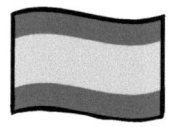

スペイン語
西班牙语

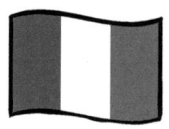

フランス語
法语

アラビア語
阿拉伯语

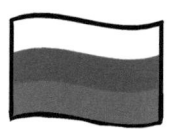

ロシア語
俄语

ポルトガル語
葡萄牙语

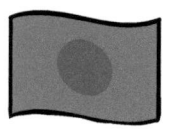

ベンガル語
孟加拉语

ドイツ語
德语

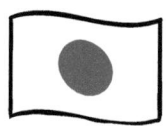

日本語
日语

私

我

あなた

你

彼 / 彼女 / それ

他/她/它

私たち

我们

あなたたち

你们

彼ら

他们

誰？

谁？

何？

什么？

どうやって？

怎样？

どこ？

哪里？

いつ？

什么时候？

名前

名字

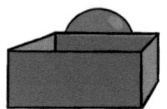

後ろ

后面

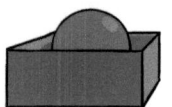

中

里面

前

前面

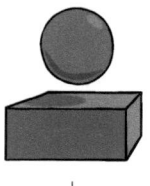

上

上方

上

上面

下

下面

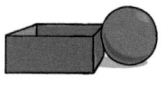

横

旁边

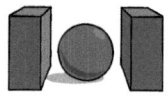

間

中间

場所

地点